NOTICE
SUR
PHILIBERT GUÉRIN

PEINTRE DE PAYSAGE.

Jean-Pierre-Philibert GUÉRIN naquit à Marseille le 25 septembre 1805. Son père et son grand-père, tous deux serruriers, habitaient Toulon lors du soulèvement de cette ville contre la république, en 1793. Après la reddition, ils furent complétement ruinés et durent quitter la France pour échapper aux rigueurs du gouvernement révolutionnaire. Ils se rendirent à Livourne, mais ils n'y arrivèrent qu'après un naufrage qui les priva même de ce que la terrible précipitation de leur départ leur avait permis d'emporter.

Après un exil de trois ans, le père de Philibert vint se fixer à Marseille; mais, chargé d'une nombreuse famille, il ne put, malgré ses efforts, sortir d'un état bien voisin de la misère; c'est ce qui le décida à accepter l'offre que lui fit son frère Paulin Guérin d'élever chez lui le jeune Philibert.

C'était en 1810 : l'enfant avait donc 5 ans. Il partit tout en larmes, sans autre protection que celle du conducteur de la diligence auquel il avait été confié, et se rendit à Paris, où demeurait son oncle. Celui-ci venait de débuter brillamment dans la carrière des arts et voulait appliquer une partie des avantages de sa position au bien-être de sa famille. Bientôt le père et la mère de Philibert se rapprochèrent eux-mêmes de Paulin Guérin et s'établirent à Versailles. C'est au collége de cette ville que le jeune Philibert fit, avec une aptitude rare et beaucoup de succès, ses études classiques que des obstacles matériels l'empêchèrent toutefois d'achever complétement.

De retour à Paris, Philibert commença l'étude de la peinture sous la direction de son oncle. Il s'occupa d'abord de la figure, puis s'adonna plus particulièrement au paysage. En 1822, c'est-à-dire à l'âge de 17 ans, il exposa pour la première fois, et cette première œuvre, qui représente un beau groupe d'arbres au bord d'un lac, ne manque ni de poésie ni de grandeur. En 1826, un paysage historique de lui, intitulé *Léda*, eut l'honneur d'être acquis par le gouvernement et d'être placé au musée de Fontainebleau. En 1830, il fit, avec son oncle, un voyage en Suisse, et en rapporta d'intéressantes études. En 1827, il avait passé plusieurs mois en Franche-Comté, dans la famille de Bassano, où il donnait des leçons de peinture. Dès cette époque, et même plus tôt encore, le jeune homme dut tirer parti de son talent, non-seulement pour lui-même, mais aussi pour ses parents, qui habitaient alors Paris et étaient presque dans le dénûment.

Ces difficultés, qui ont ruiné l'avenir de tant de jeunes artistes, durent retarder beaucoup les progrès de Philibert Guérin. Heureusement, son oncle ne l'abandonnait pas dans ses efforts, il lui procurait des travaux, et lui obtint même un logement à l'Institut, pour lui et pour ses parents; puis, en 1829, il le fit entrer comme professeur de dessin au collége de Juilly.

Cette entrée à Juilly est un événement important dans la vie, malheureusement si courte, de Philibert. Il garda cette place jusqu'à sa mort et ne cessa pas d'aller, chaque semaine, passer deux jours entiers à Juilly : il s'attacha tellement à cette maison, qu'un des regrets qu'il exprima à l'approche de sa fin fut celui de ne plus revoir *son Juilly*. C'est là que se firent presque toutes ses connaissances, que se formèrent presque toutes ses amitiés; mais, surtout, c'est là que son amour pour la nature se développa, remplit son âme de sentiments religieux et poétiques, et l'éleva ainsi de plus en plus vers le Créateur.

Rien de remarquable dans la vie du jeune homme jusqu'en 1834, mais cette année lui apporta un bonheur, objet des aspirations et des rêves de tout cœur aimant et pur, et récompense la plus belle d'une jeunesse sévère : Philibert se maria le 7 avril. La Providence lui avait réservé un de ces êtres de nature angélique, sublime, dont la céleste influence grandit, ennoblit, sanctifie tout, et donne à ceux qui les entourent le plus parfait bonheur qu'on puisse goûter ici-bas. Philibert, qui avait su choisir une telle femme, sut toujours l'apprécier, et toute sa vie désormais se partagea entre deux sentiments également vifs : une tendresse reconnaissante envers la compagne qui faisait sa félicité, un amour plein d'effusion pour Dieu qui la lui avait donnée.

Les beautés de la nature étaient le cadre naturel de ce bonheur domestique; Philibert Guérin, qui les goûtait si vivement et qui voulait s'y livrer tout entier, se fixa d'abord à la campagne : ceci est un des traits caractéristiques de sa vie; et même, bien que celle qu'il épousait habitât comme lui Paris, il voulut que son mariage fût célébré à Dammartin près de Juilly, et il acheta dans ce pays une petite maison qui l'avait séduit par sa charmante situation. Il vécut là deux ans à peu près ; mais, si ses goûts artistiques trouvaient dans cette retraite une pleine satisfaction, il n'y trouvait pas les ressources suffisantes pour vivre, et il fallut revenir à Paris.

Sa position alors s'améliora, mais son talent surtout s'accrut beaucoup. Il exposa, en 1837, un *taureau dans un marécage* justement remarqué. L'année suivante, il obtint une médaille pour un grand paysage représentant un *chasseur assis dans une forêt*. Cette œuvre magistrale, d'une remarquable originalité, est empreinte, en outre, d'un sentiment profond de grandeur et de mélancolie, qualité rare chez les paysagistes. Enfin c'était une magnifique promesse et déjà un beau résultat.

Cette même année, 1838, lui réservait une autre joie plus douce encore que le succès : le bonheur de son cher intérieur fut complété par la naissance d'un fils, événement longtemps désiré par lui, et qui ajouta de nouvelles espérances aux trésors d'émotions que son cœur possédait déjà.

Philibert Guérin fit ensuite un paysage historique intitulé *la bacchante*, ouvrage digne du précédent et fort remarqué en 1840. L'artiste adopta alors un genre qu'il avait déjà essayé avec succès dans son *taureau dans un marécage;* il donna aux animaux un rôle considérable dans le paysage. Il fit une *mare aux canards* et un *intérieur de bergerie* en 1841 ; en 1842 et 1845, un grand paysage représentant un *groupe de chèvres au bord d'un lac,* puis *deux moutons paissant*, œuvres de beaucoup de mérite. Ce furent les derniers ouvrages qu'il termina ; atteint, en 1843, du mal qui devait l'emporter, il ne lui fut presque plus possible de travailler pendant les trois dernières années de sa vie, et il ne put même achever son dernier tableau des *chèvres broutant auprès d'un ma-*

rais. Cet ouvrage, fort avancé cependant, fut offert par sa veuve au collége de Juilly comme souvenir de lui.

J'ajouterai aux ouvrages dont il a déjà été parlé une lithographie intitulée *la nuit;* les portraits lithographiés des abbés de Scorbiac et de Salinis; le portrait peint de madame Philibert Guérin ; puis plusieurs remarquables tableaux : *un clair de lune sur un lac;* un autre, *même sujet; un groupe d'arbres sur un fond de soleil couchant; un groupe d'arbres auprès d'une chute d'eau; un manoir gothique vu le soir; jeune femme rêvant au bord d'un lac; vue d'une vallée suisse; un barrage de l'Eure; un taureau sous un hangar;* enfin de belles études faites à Mortes-Fontaines et à Fontainebleau, et d'intéressantes esquisses.

Philibert Guérin n'étudia pas en Italie, ni même dans le midi de la France; mais il sut pénétrer et s'assimiler le charme du pays où il vécut, c'est-à-dire des environs de Paris, dans un rayon d'à peu près 20 lieues. Il reçut là plus d'impressions originales et vraiment artistiques que beaucoup ne le font dans les pays classiques de l'art, et il n'est pas un seul de ses ouvrages qui ne rende quelqu'une de ces impressions.

Ceux qui se rappellent combien sa conversation avait d'entrain, de gaieté, d'enjouement s'étonneront peut-être que la plupart de ses ouvrages, et certainement les meilleurs, expriment la rêverie, aient un caractère presque triste : c'est que ses dispositions intérieures étaient, en réalité, mélancoliques, malgré son apparente gaieté ; son goût et la nature de son talent reflétaient donc en quelque sorte ses sentiments intimes ; il aimait les ciels gris et tristes des temps pluvieux, les grands bois, les couchers de soleil, les clairs de lune surtout.

Une œuvre qui indiquerait ses tendances, quoique loin d'être l'expression entière de son talent, serait la lithographie *la nuit :* des tombes et les ruines d'une église gothique éclairées par la lune ; il se plaisait dans ces rêveries, mais il adopta néanmoins souvent des sujets rentrant mieux que celui-là dans le domaine de la peinture. Enfin, pour caractériser exactement son genre, on peut dire qu'il tenait, par le sentiment, aux écoles de Ruysdaël et de Backuisen, avec une légère teinte de *romantisme,* et qu'il se rapprochait de l'exécution peut-être un peu facile de Joseph Vernet.

La carrière artistique de Philibert Guérin se termina donc en 1843 ; il était à peine âgé de 37 ans et commençait à jouir d'un talent remarquable et laborieusement acquis. Atteint d'une affection cancéreuse à la langue, il lui fallut subir une horrible maladie de trois ans, se sentir mourir peu à peu et se voir enfin cruellement séparer de sa femme qu'il adorait et de son fils encore tout enfant. Trois douloureuses opérations ne purent le sauver et ses souffrances devinrent terribles. Cependant, sa foi et sa piété ne l'abandonnèrent pas : il priait avec ardeur et s'efforçait d'atteindre à la résignation ; aussi le courage ne lui manqua-t-il pas ; au contraire, son âme grandit encore dans cette terrible lutte, et ceux qui le virent dans les derniers temps de sa vie n'oublieront jamais à quelle élévation de cœur, à quel degré de sainteté il était parvenu. Pour en faire juger, pour faire apprécier les derniers sentiments de cette belle âme, je transcris ici deux prières composées par lui peu avant sa mort ; elles devaient être récitées durant des neuvaines qu'on faisait en vue de sa guérison :

« Mon Dieu qui voyez ma misère, mon Dieu qui voyez et mes souffrances et mes craintes et mon immense affliction, ayez pitié de votre pauvre créature ; ne l'abandonnez pas malgré ses péchés. Je vous adore, je vous bénis, je vous demande pardon, et je vous conjure de m'être à jamais propice. Exaucez ma prière, ô mon Dieu, je vous le demande au nom de Jésus-Christ mon Sauveur. Ne me rejetez pas, soyez touché de mes maux, de l'affreuse anxiété de mon âme, secourez-moi, mon Dieu, guérissez-moi, sauvez-moi, vous seul le pouvez. Oh! si vous le voulez, votre pauvre serviteur va se retirer guéri et chanter le cantique d'actions de grâces; hélas! si ma prière avait les conditions nécessaires, sans doute vous l'exauceriez. Mon Dieu, donnez à ma prière ce qui lui manque pour vous plaire et pour être exaucée. Je ne puis pas bien vous prier si vous-même ne me faites prier; secourez-moi donc, ô mon Dieu! et que mon humble prière soit, par l'effet de votre bonté infinie, du nombre de celles que vous agréez et que vous daignez exaucer. Cependant, ô mon Dieu! que votre adorable volonté soit faite; vous m'avez envoyé la souffrance et vous me permettez de vous supplier, d'éloigner de moi ce calice qui me paraît si amer. Éloignez-le, Seigneur! éloignez-le, mon Dieu! mais que votre adorable volonté soit faite.

« Guérissez-moi, mon Dieu!

« Que la très-sainte Vierge Marie, mère immaculée de Jésus, daigne prier pour moi. Que saint Michel Archange, que mes saints Patrons et mon bon Ange, que tous les saints et saintes du Paradis daignent intercéder pour moi.

« O mon Dieu, soyez touché des prières de ces hautes et pures intelligences. Exaucez-les, Seigneur; je vous en conjure, tout pécheur misérable que je suis, ayez compassion de moi.

« Soyez aussi touché de la prière de ceux qui m'aiment et daignez l'exaucer. O mon Dieu! ayez pitié de moi.

« Par les prières de mon fils encore innocent, délivrez-moi, Seigneur!

« Par les prières et la douleur de toute ma famille affligée, délivrez-moi, Seigneur!

« Par le vœu que je fais de vous aimer et de vous servir toute ma vie, délivrez-moi, Seigneur !

« Mon Dieu, daignez bénir, récompenser et exaucer toutes les âmes pieuses qui prient et qui prieront pour moi.

« Donnez-moi de les aimer sur cette terre et de les aimer à jamais pendant l'éternité dans votre sein. — Ainsi soit-il. »

« O sainte Marie, mère immaculée de mon Dieu et de mon Sauveur, vous qui êtes si puissante auprès de lui, vous qui êtes la mère de la divine grâce, le refuge des pécheurs et la consolation des affligés, priez, oh! priez pour moi, ne m'abandonnez pas. J'ai péché et j'ai mérité la colère du Dieu des miséricordes; hélas! détournez par votre prière la colère et ses effets terribles, et obtenez-moi la miséricorde dont j'ai si grand besoin. Vous savez combien et depuis quand je souffre; apprenez-moi, si telle est la volonté de Dieu que je souffre encore, apprenez-moi à bien souffrir. O Marie, mère de la sainte Espérance, apprenez-moi à espérer toujours! Guérissez-moi de mes infirmités corporelles et spirituelles; comblez les vœux de toute ma pieuse famille qui vous demande, avec instances, ma guérison et ma conservation.

« Soyez touchée de tant de ferventes prières qui s'élèvent vers vous pour votre pauvre et indigne serviteur; demandez à Jésus qu'il les exauce, il vous accordera ma guérison.

« O Marie, j'espère en vous!

« Vous qui avez fait tant de miracles en faveur de la pauvre humanité souffrante, faites-en un nouveau dans la personne de votre serviteur indigne.

« O Marie, guérissez-moi!!

« Vous que j'ai appris à prier dès ma plus tendre jeunesse, daignez ne pas oublier que je vous ai souvent adressé cette sublime prière, qui termine la salutation angélique et exaucez-la. Je veux la renouveler de bouche et de cœur chaque jour de ma vie : oui, sainte Marie, mère de Dieu, priez pour moi, pauvre pécheur, maintenant et à l'heure de ma mort. — Ainsi soit-il.

« O Marie, obtenez-moi le salut éternel ! ! ! »

Ces prières ne sont-elles pas belles et touchantes? Au milieu de tant de douleurs, quelle foi, quelle piété profonde! Depuis plus de deux mois, il ne conservait plus aucune illusion sur son sort, il se préparait à quitter ce monde, aspirait au ciel. L'après-midi du 10 février, il assembla sa famille, fit ses adieux à chacun de ses parents et les embrassa. Il bénit son jeune fils et adressa, à celle qui allait devenir sa veuve, des paroles tellement empreintes de tendresse et de reconnaissance, qu'elles restèrent la plus belle récompense de cette digne épouse et sa plus douce consolation sur la terre. Il parla longtemps aussi de la vie future avec une chaleur et un enthousiasme tels, qu'on croyait entrevoir sur ce mourant comme un rayon du ciel qui le transfigurait déjà. Enfin la mort acheva son œuvre, et le soir, à 8 heures, son âme s'éleva vers la source suprême de toute beauté et de tout amour.

J'espère que ceux qui ont connu Philibert Guérin liront volontiers les quelques vers qui suivent. Il les fit, je crois, vers 1840. On y verra tout ensemble une expression de sa tendresse pour sa vertueuse et sainte femme, et un témoignage de sa profonde piété. Ce furent les deux sentiments dominants de sa vie.

A S***.

. . . .

Mon ange, le Seigneur qui combla notre vie
    Des saintes joies d'un pur amour,
Regarde avec bonté ceux que sa main bénie
    Voulut réunir pour toujours !

Ceux qu'il fit rencontrer dans ce pèlerinage,
    Dont lui-même serra les nœuds,
L'un sur l'autre appuyés, poursuivront le voyage
    Dont ils verront le terme aux cieux !

Même espoir ici-bas et la même prière,
Mêmes jours de douleurs et de peine mêlés ;
Plus tard, mêmes torrents d'amour et de lumière,
Même éternel repos et mêmes voluptés !

Oui, mère de mon fils, quand le Dieu de nos pères
    Nous unit au pied de l'autel,
Ce fut un jour béni suivi de jours prospères
Auxquels succédera le jour sans fin du ciel.

                            Amen ! ! !

BIBLIOTHEQUE NATIONALE DE FRANCE

3 7502 009881124 6

www.ingramcontent.com/pod-product-compliance
Lightning Source LLC
Chambersburg PA
CBHW050041230526
45470CB00003B/1385